Sarah Retter

SPANISH:

ADJECTIVES FAST TRACK LEARNING

The 100 most used Spanish adjectives with 800 phrase examples

Focus your Spanish learning on the most frequently used adjectives
Learn just the 100 adjectives you need for everyday life.

© 2015 by Sara Retter
© 2015 by UNITEXTO
All rights reserved

Published by UNITEXTO

SPANISH: ADJECTIVES FAST TRACK LEARNING
THE MOST USED SPANISH ADJECTIVES

1. Other Otro	2. New Nuevo	3. Good Bueno	4. High Alto
5. Old Viejo	6. Great Genial	7. Big Grande	8. American American
9. Small Pequeño	10. Large Grande	11. National Nacional	12. Young Joven
13. Different Diferente	14. Black Negro	15. Long Largo	16. Little Poco
17. Important Importante	18. Political Político	19. Bad Malo	20. White Blanco
21. Real Real	22. Best Mejor	23. Right Derecho	24. Social Social
25. Only Solo	26. Public Público	27. Sure Seguro	28. Low Bajo
29. Early Temprano	30. Able Poder	31. Human Humano	32. Local Local
35. Major Mayor	36. Better Mejor	37. Economic Económico	38. Strong Fuerte
39. Possible Posible	40. Whole Entero	41. Free Gratis	42. Military Militar
43. True Verdad	44. Federal Federal	45. International Internacional	46. Full Lleno
47. Special Especial	48. Easy Fácil	49. Clear Claro	50. Recen Reciente
51.	52.	53.	54.

Certain	Personal	Open	Red
Cierto	Personal	Abrir	Rojo
55. Difficult	56. Available	57. Likely	58. Short
Difícil	Disponible	Probable	Corto
59. Single	60. Medical	61. Current	62. Wrong
Simple	Médico	Actual	Incorrecto
63. Private	64. Past	65. Foreign	66. Fine
Privado	Pasado	Extranjero	Bien
67. Common	68. Poor	69. Natural	70. Significant
Común	Pobre	Natural	Significativo
71. Similar	72. Hot	73. Dead	74. Central
Similar	Caliente	Muerto	Central
75. Happy	76. Serious	77. Ready	78. Simple
Feliz	Serio	Listo	Simple
79. Left	80. Physical	81. General	82. Environmental
Izquierda	Físico	General	Ambiental
83. Financial	84. Blue	85. Democratic	86. Dark
Financiero	Azul	Democrático	Oscuro
87. Various	88. Entire	89. Close	90. Legal
Varios	Entero	Cerrar	Legal
91. Religious	92. Cold	93. Final	94. Main
Religioso	Frío	Final	Principal
95. Green	96. Nice	97. Huge	98. Popular
Verde	Bueno	Enorme	Popular
99. Traditional	100. Cultural		
Tradicional	Cultural		

EXAMPLE PHRASES
100 MOST FREQUENT SPANISH ADJECTIVES

1. *Other/Otro*

This is *other* person, not my wife	Esta es *otra* persona, no mi mujer
I like better the *other* trouser	Me gusta más el *otro* pantalón
You must hear *other* opinions	Debes escuchar *otras* opiniones
You should visit *other* cities	Deberias visitar *otras* ciudades

2. *New/Nuevo*

This is a *new* song	Esta es una *nueva* canción
There are some *new* cases	Hay casos *nuevos*
I have some *new* jeans	Tengo algunos vaqueros *nuevos*
Let's play a *new* game	Juguemos un *nuevo* juego

3. *Good/Bueno*

That is a *good* song	Esa es una *buena* canción
Those are *good* places	Esos son lugares *buenos*
The food was *good*	La comida estuvo *buena*
I love the *good* movies	Me gustan las *buenas* películas

4. *High/Alto*

That airplane flies *high*	El avión vuela *alto*
I can throw that ball really *high*	Puedo lanzar el balón muy *alto*
The birds fly very *high*	Las aves vuelan *alto*
I love those *high* heels	Amo esos tacones *altos*

5. *Old/Viejo*

That is an *old* song	Esa es una canción *vieja*
That is an *old* woman	Esa es una mujer *vieja*

| You must love *old* movies | Te deben encantar las películas *viejas* |
| You should get *old* shoes | Debieras obtener zapatos *viejos* |

6. *Great/Genial*

I love those *great* movies	Me encantan esas películas *geniales*
The show was *great*, I enjoyed it	El show estuvo *genial*, lo disfruté
I had a *great* night, thank you	Tuve una noche *genial*, gracias
That is *great*, put the gift there	Eso es *genial*, coloca el regalo allí

7. *Big/Grande*

That was a *big* tornado in the state	Ese fue un *gran* tornado en el estado
You must love *big* cakes	Te deben encantar los pasteles *grandes*
I like the *big* tree over there	Me gusta el árbol *grande* de allá
I love the *big* house next to us	Me encanta la casa *grande* de al lado.

8. *American/Americano*

I like being an *American* citizen	Me gusta ser un ciudadano *americano*
Those shoes are *American*	Esos zapatos son *americanos*
I love flying within the *American* continent	Me gusta volar dentro del continente *americano*
I love the *American* food	Me gusta la comida *americana*

9. *Small/Pequeño*

That is a *small* package	Ese es un paquete *pequeño*
The lion had *small* babies	El león tuvo bebés *pequeños*
These shoes are very *small* for me	Estos zapatos son muy *pequeños* para mí
I love the *small* cups in the kitchen	Me gustan las *pequeñas* tazas en la

	cocina

10. Large/Grande

That is a *large* cereal dish	Ese es un *gran* plato de cereal
Can I get a *large* water bottle?	¿Puede tener una botella de agua *grande*?
That shirt is too *large* for you	Esa camisa es muy *grande* para ti
I like those *large* sandwiches	Me gustan esos sándwiches *grandes*

11. National/Nacional

I won the *national* contest	Gané el concurso *nacional*
I saw it on *national* television	Lo vi en television *nacional*
That is the *national* bird	Esa es el ave *nacional*
I like the *national* players of the team	Me gustan los jugadores *nacionales* del equipo

12. Young/Joven

When we were *young* I liked it	Cuando éramos *jóvenes*, me gustaba
She is too *young* for that	Ella es demasiado *joven* para eso
Those are for the *young* kids	Esos son para los niños *jóvenes*
I would like to be *young* again	Me gustaría ser *joven* de nuevo

13. Different/Diferente

Those are *different* things	Esas son cosas *diferentes*
I have a *different* shirt	Tengo una camisa *diferente*
We are not so *different* in the end	No somos tan *diferentes* al final
I like those *different* choices	Me gustan esas opciones *diferentes*

14. Black/Negro

That *black* shirt suits you well	Esa camisa *negra* te queda bien
Those *black* shoes are cool	Esos zapatos *negros* son bonitos
The cover is all *black*	La portada es toda *negra*
I have *black* paint in my blouse	Tengo pintura *negra* en mi blusa

15. Long/Largo

That *long*-sleeves shirt is green	Esa camisa de manga *larga* es verde
That dress is too *long* for you	Ese vestido es muy *largo* para ti
I waited a *long* time out here	Esperé un *largo* tiempo aquí afuera
She has a *long* hair	Ella tiene un cabello *largo*

16. Little/Poco

I have *little* time for this	Tengo *poco* tiempo para esto
Those *little* earrings are made of gold	Esos aretes *pequeños* son de oro
That was a *little* shot you took	Ese fue un trago *pequeño* que tomaste
I am bleeding a *little* from my toe	Estoy sangrando un *poco* de mi dedo

17. Important/Importante

This is *important* for me	Esto es *importante* para mí
Those papers are *important*	Esos papeles son *importantes*
That was an *important* moment	Ese fue un momento *importante*
You are *important* for them	Eres *importante* para ellos

18. Political/Político

That is a *political* movie	Esa es una película *política*
Those are *political* speeches	Esos son discursos *políticos*
That was a very good *political* election	Esa fue una buena elección *política*
I want to be in the *political* party	Quiero estar en un partido *político*

8

19. Bad/Malo

That trashcan smells bad	Ese basurero huele mal
I have bad grades in my report	Tengo malas notas en mi reporte
Those guys look bad, stay away	Esos chicos se ven malos, aléjate
I don´t like the smell of bad milk	No me gusta el olor de la leche podrida

20. White/Blanco

The ice cream is *white*	El helado es *blanco*
I like the *white* snow out	Me gusta la nieve *blanca* de afuera
I love the Snow-*White* tale	Me gusta la historia de B*lanca* Nieves
Those *white* shoes are dirty	Esos zapatos *blancos* están sucios

21. Real/Real

That story is *real*	Esa historia es *real*
I got *real* snow shoes inside	Tengo zapatos de nieve *reales* adentro
I don´t think that tattoo is *real*	No creo que ese tatuaje sea *real*
I like those *real* shoes	Me gustan esos zapatos *reales*

22. Best/Mejor

That is the *best* I can do	Eso es lo *mejor* que puedo hacer
That shirt suits you the *best*	Esa camisa es la que *mejor* te queda
The *best* dad in the world is mine	El *mejor* papa del mundo es el mío
We are *best* friends since 1994	Somos *mejores* amigos desde 1994

23. Right/Correcto-Derecha

Do the *right* thing here	Haz lo *correcto* aquí

I will turn to the *right* now	Doblaré a la *derecho* ahora
That is the *right* color for the shoes	Es el color *correcto* para los zapatos
I want to paint with my *right* hand	Quiero pintar con mi mano *derecha*

24. Social/Social

My dog is not very *social*	Mi perro no es muy *social*
That is a *social* event	Ese es un evento *social*
I love the *social* media	Me gustan las redes *sociales*
My club is very *social*	Mi club es muy *social*

25. Only/Solo

Only people with invitation will go in	*Solo* gente con invitación entrarán
I have *only* $20 here	Tengo *solo* $20 aquí
Ii is *only* your birthday	*Sólo* es tu cumpleaños
She will *only* translate this section	Ella *solo* traducirá esta sección

26. Public/Público

This will be a *public* matter	Eso será algo *público*
The *public* bathroom smells bad	El baño *público* huele mal
This won´t go out *public*	Eso no se hará *público*
I will apologize *publicly*	Me disculparé *públicamente*

27. Sure/Seguro

I am not *sure* of this	No estoy *seguro* de esto
I wil get it for *sure* on Monday	Lo obtendré *seguro* el Lunes
My date is *sure* expired already	Mi fecha *seguro* ya expiró
She is not sure of that action	Ella no está *segura* de esa acción

28. Low/Bajo

| That side of the pool is *low* | Ese lado de la piscina es *bajo* |

I wanted to go to the *lower* floor	Quería ir al piso más *bajo*
I love it when the tides are *low*	El nivel de tinta es *bajo*
I love it when the tides are *low*	Me gusta cuando la marea está *baja*

29. *Early/Temprano*

I wake up really *early*	Me levanto muy *temprano*
It came *early* this morning	Vino *temprano* esta mañana
You should have done that *early* today	Debiste hacer eso *temprano* hoy
I am not waking up *early* tomorrow	No me levantaré *temprano* mañana

30. *Able/Poder*

I am not *able* to do this today	No *puedo* hacerlo hoy
She will be *able* to do it next week	Ella *podrá* hacerlo la siguiente semana
You are *able* to change it anytime	Tu *puedes* cambiarlo cuando quieras
I am *able* to fix this	*Puedo* cambiar esto

31. *Human/Humano*

That is *human* food	Esa es comida *humana*
They are nice *human* beings	Ellos son buenos seres *humanos*
I like to be a *human*	Me gusta ser un *humano*
Dogs are not *human* species	Los perros no son especie *humana*

32. *Local/Local*

The *local* food is good here	La comida *local* es Buena aquí
The *local* people will guide you	La gente *local* te guiará
They won the *local* game	Ellos ganaron el juego *local*
That is not a *local* car	Ese no es un carro *local*

33. *Late/Tarde*

They came in *late* yesterday	Ellos vinieron *tarde* ayer
I am *late* for work again	Llego *tarde* al trabajo otra vez
Those guys are always *late*	Ellos siempre llegan *tarde*
I worked *late* yesterday night	Trabajé hasta *tarde* ayer por la noche

34. Hard/Duro

I ate a *hard* candy at lunch	Me comí un dulce *duro* en el almuerzo
That is a *hard* rock	Esa es una piedra *dura*
I am not as *hard* with you	No soy tan *dura* contigo
My dad is *hard* on me	Mi padre es *duro* conmigo

35. Major/Mayor

That is a *major* crime	Ese es un crimen *mayor*
She is the *major* sister	Ella es la hermana *mayor*
They won´t let this be a *major* issue	No dejarán que sea un problema *mayor*
I am act in *major* drama	Nunca actúo en el drama *mayor*

36. Better/Mejor

This will get *better* in time	Estará *mejor* con el tiempo
I have a *better* bed now	Tengo una cama *mejor* ahora
I am not *better* with this medicine	No estoy *mejor* con esta medicina
I can get a *better* job	Puedo encontrar un trabajo *mejor*

37. Economic/Económico

That is an *economic* issue	Ese es un problema *económico*
The *economic* problems are bad	Los problemas *económicos* son malos
I don´t have any *economic* issues	No tengo problemas *económicos*

| You should solve this *economic* issue | Deberías resolver este problema *económico* |

38. Strong/Fuerte

The wind is blowing *strong*	El viento sopla *fuerte*
I am as *strong* as he is	Soy tan *fuerte* como él
We need a *strong* man around	Necesitamos un hombre *fuerte* aquí
I got a *strong* wind on my face	Recibí un viento *fuerte* en la cara

39. Possible/Posible

That is not even *possible*	Esto no es *posible*
It is *possible* to control it	Es *posible* controlarlo
I don´t know how it is *possible*	No sé cómo esto es *posible*
Is it *possible* to get a new one?	¿Es *posible* obtener uno nuevo?

40. Whole/Entero-Completo

That *whole* bowl of cereal is gone	El plato de cereal *completo* se fue
The *whole* town is very sad	El pueblo *completo* está muy triste
They ate the *whole* watermelon	Ellos comieron la sandía *completo*
The *whole* team fell down	El equipo *entero* se cayó

41. Free/Gratis-Libre

Those animals are finally *free*	Esos animales están *libres* finalmente
I got those shoes for *free*	Obtuve esos zapatos *gratis*
I want to be *free* in this world	Quiero ser *libre* en este mundo
Those chips are *free* here	Esas fichas son *gratis* aquí

42. Military/Militar

| The *military* education is good | La educación *militar* es buena |

The *military* base is very comfortable	La base *militar* es muy cómoda
He is the head of the *military* base	Él es el jefe de la base *militar*
I would love to be part of the *military* base	Me gustaría ser parte de la base *militar*

43. *True/Cierto-Verdadero*

That theory is *true*	Esa teoría es *cierta*
The kid told everyone it was *true*	El niño le dijo a todos que era *cierto*
True friends never fail you	Los amigos *verdaderos* nunca te fallan
I told them a *true* story	Les conté una historia *verdadera*

44. *Federal/Federal*

That *federal* office is very warm	Esa oficina *federal* es muy cálida
He is a *federal* agent, beware	Él es un agente *federal*, cuidado
A *federal* agent came here	Un agente *federal* vino aquí
That is against *federal* law	Eso en contra la ley *federal*

45. *International/Internacional*

That is an *international* airport	Ese es un aeropuerto *internacional*
I have *international* documents	Tengo documentos *internacionales*
That is an *international* game	Ese es un juego *internacional*
They are *international* sports teams	Son equipos deportivos *internacionales*

46. *Full/ Lleno*

The tank is *full* of gas	El tanque está *lleno* de gas
I am so *full*, I can´t eat more	Estoy tan *lleno*, no puedo comer más
That is a *full* glass of milk	Ese es un vaso *lleno* de leche
That is a box *full* of surprises	Esa es una caja *llena* de sorpresas

47. Special/Especial

You are my *special* friend	Eres mi amiga *especial*
I like this *special* treatment	Me gusta este tratamiento *especial*
Those are *special* cookies	Esas son galletas *especiales*
He is very *special* for me	Él es muy *especial* para mí

48. Easy/Fácil

That is an *easy* recipe	Esa es una receta *fácil*
The exam was not *easy*	El examen no fue *fácil*
She is *easy* going	Ella es *fácil* para llevarse bien
It is *easy* to talk to me	Es *fácil* hablar conmigo

49. Clear/Claro

That thing is *clear* in my mind	Eso está *claro* en mi mente
You were not *clear* in the instructions	No fuiste *claro* en las instrucciones
The water is as *clear* as glass	El agua es *clara* como el vidrio
All the boxes are *clear*	Todas las cajas son *claras*

50. Recent/Reciente

That is a *recent* issue	Ese es un problema *reciente*
The accident is very *recent*	El accidente es muy *reciente*
I have a *recent* surgery	Tengo una cirugía *reciente*
The wound is too *recent* to travel	La herida es muy *reciente* para viajar

51. Certain/Ciertos

Certain things are better if left unsaid	Es mejor no decir *ciertas* cosas
There are *certain* classes for that	Hay *ciertas* clases para eso
I am absolutely *certain* of my answer	Mi respuesta es absolutamente *cierta*
Certain songs are very annoying	*Ciertas* canciones son muy molestas

52. Personal/Personal

This too *personal* for me	Esto es muy *personal* para mí
I had *personal* issues last year	Tuve temas *personales* el año pasado
That letter was *personal*	Esa carta era *personal*
Don't read my *personal* diary	No leas mi diario *personal*

53. Open/Abierto

She is not *open* minded	Ella no es de mente *abierta*
The box is *open* in the top	La caja está *abierta* arriba
They made me *open* the present	Ellos me hicieron *abrir* el regalo
I can't *open* the jar of jelly	No puedo *abrir* el bote de jalea

54. Red/Rojo

That *red* dress is my favorite	El vestido *rojo* es mi favorito
Those *red* shoes are horrible	Esos zapatos *rojos* son horribles
My eye is a little *red*	Mi ojo está un poco *rojo*
I have a *red* car	Tengo un carro *rojo*

55. Difficult/Difícil

It is *difficult* for me to listen to that	Es *difícil* para mí escuchar eso
It wasn't *difficult* to get it	No fue *difícil* entenderlo
It is *difficult* to make that movement	Es *difícil* hacer ese movimiento
It won't be *difficult* if you ask someone	No será *difícil* si le pides a alguien

56. Available/Disponible

She is not *available* that day	Ella no está *disponible* ese día
I don't have anything *available* today	No tengo nada *disponible* hoy

The book is not *available* here	El libro no está *disponible* aquí
The website is not *available* today	El sitio web no está *disponible* hoy

57. *Likely/Posible*

That is *likely* to happen tomorrow	Eso es *posible* que pase mañana
It is *likely* to rain tomorrow	Es *posible* que llueva mañana
You are more *likely* to fall there	Eres más *posible* que te caigas allí
I am more *likely* to make that change	Es más *posible* que haga ese cambio

58. *Short/Corto-Bajo*

Your friend is very *short*	Tu amigo es muy *bajo*
That rope is too *short* for this	Esa cuerda es muy *corta* para esto
I have *short* hands	Tengo manos *cortas*
I will wear *short* pants	Usaré pantalones *cortos*

59. *Single/Soltero-Simple*

I´ll get a *single* salad	Pediré una ensalada *simple*
I am a *single* woman in the world	Soy una mujer *soltera* en el mundo
He is *single* and ready to party	Él es *soltero* y listo para la fiesta
I will sing a *single* song	Cantaré una canción *simple*

60. *Medical/Médico*

We have a *medical* situation here	Tenemos una situación *médica* aquí
He is an expert on *medical* issues	Él es un experto en problemas *médicos*
I have *medical* problems since 2011	Tengo problemas *médicos* desde 2011
I don't see *medical* issues here	No veo problemas *médicos* aquí

61. *Current/Actual*

The *current* weather won´t allow it	El clima *actual* no lo permitirá
The *current* situation doesn´t help him	La situación *actual* no le ayuda
I have more friends in *current* times	Tengo más amigos en la *actualidad*
I don't know of any *current* changes	No sé de ningún cambio *actual*

62. Wrong/Incorrecto

I have the *wrong* number	Tengo el número *incorrecto*
The *wrong* people came yesterday	Las personas *incorrectas* vinieron ayer
Don´t mess with the *wrong* guy	No te metas con el chico *incorrecto*
The *wrong* order came an hour ago	La orden *incorrecta* vino hace una hora

63. Private/Privado

That is a *private* party right there	Esa es una fiesta *privada*
I don't have any *private* belongings	No tengo objetos *privados*
I don't open the *private* lockers	No abro los armarios *privados*
Those documents are *private*	Esos documentos son *privados*

64. Past/Pasado

I didn´t like that in the *past*	No me gustaba eso en el *pasado*
I don't think I saw that in the *past*	No creo que lo vi en el *pasado*
I can´t remember the past.	No puedo recordar el *pasado*
They were not here in the *past*	Ellos no estuvieron aquí en el *pasado*

65. Foreign/Extranjero

I am a *foreign* student	Soy un estudiante del *extranjero*
I did study in a *foreign* country	Estudié en un país *extranjero*
That is a *foreign* book you have	Ese es un libro *extranjero* el que

	tienes
I don´t think they are *foreigners*	No creo que sean *extranjeros*

66. *Fine/Fino-Bien*

I am *fine*, don't worry	Estoy *bien*, no te preocupes
That is *fine* silk you have there	Esa es seda *fina* la que tienes allí
I don´t think she is *fine*	No creo que ella esté *bien*
Those shoes look *fine* for me	Esos zapatos se ven *bien* para mí

67. *Common/Común*

That is a *common* mistake	Ese es un error *común*
That is not a *common* name	Ese no es un nombre *común*
We have some things in *common*	Tenemos algunas cosas en *común*
I don´t like the *common* names	No me gustan los nombres *comunes*

68. *Poor/Pobre*

Help the *poor* people always	Ayude a los *pobres* siempre
Those *poor* animals suffer	Esos *pobres* animales sufren
I don´t think she is *poor*	No creo que ella sea *pobre*
I have *poor* ortography	Tengo una *pobre* ortografía

69. *Natural/Natural*

That water is not from a *natural* source	El agua no es de una fuente *natural*
I can´t clean the *natural* leaves	No puedo limpiar las hojas *naturales*
I will only eat *natural* food	Sólo comeré comida *natural*
That is a 100% *natural* juice	Ese es un jugo 100% *natural*

70. *Significant/Significativo*

That is a *significant* change	Ese es un cambio *significativo*

I don't think that is *significant*	No creo que eso sea *significativo*
You made a *significant* mistake	Hiciste un error *significativo*
I can't change the *significant* words	No puedo cambiar las palabras *significativas*

71. Similar/Similar

I have a *similar* dress	Tengo un vestido *similar*
Those two are very *similar*	Esos dos son muy *similares*
I have *similar* issues	Tengo problemas *similares*
You have *similar* shirts to mine	Tienes camisas *similares* a las mías

72. Hot/Caliente

That coffee is really *hot*	El café está muy *caliente*
The food was very *hot* for me	La comida estaba muy *caliente* para mí
These summer days are really *hot*	Estos días de verano son muy *calientes*
The sun is really *hot* right now	El sol está muy *caliente* ahora

73. Dead/Muerto

That is a *dead* animal	Ese es un animal *muerto*
They found a *dead* bird in the yard	Hallaron un pájaro *muerto* en el patio
They thought I was *dead* that day	Pensaron que estaba *muerto* ese día
I don't want to find her *dead*	No la quiero encontrar *muerta*

74. Central/Central

Take me to *Central* station please	Lléveme a la estación *central* por favor
That is the *central* command center	Ese es el centro de comando *central*
That is not a *central* point	Ese no es un punto *central*
Meet me at the *Central* park	Encuéntrame en el parque *Central*

75. Happy/Feliz

I feel so *happy* when I see you	Me siento tan *feliz* cuando te veo
It's really easy to make him *happy*	Es muy fácil hacerlo *feliz*
Seeing her kids make her *happy*	Ver a sus hijos la hace *feliz*
You feel *happy* all the time	Te sientes *feliz* todo el tiempo

76. Serious/Serio

That is a *serious* injury you have there	Esa es una herida *seria* que tienes
Why are you so *serious*?	¿Por qué eres tan *serio*?
This is a *serious* and important thing	Esta es una cosa importante y *seria*
I am not as *serious* as you are	No soy tan *serio* como tú

77. Ready/Listo

Are you *ready* for the party?	¿Estás *listo* para la fiesta?
I was born *ready* to race	Nací *listo* para correr
You are never *ready* when I come	Nunca estás *listo* cuando vengo
I would like you to be *ready* today	Me gustaría que estuvieras *listo* hoy

78. Simple/Simple

That is a *simple* request you made	Ese es un pedido *simple* el que hiciste
I love the *simple* look of the shirt	Me gusta el aspecto *simple* de la blusa
This is a *simple* question	Esta es una *simple* pregunta
You wear *simple* jeans always	Siempre usas *simples* vaqueros

79. Left/Izquierda

Always look to the *left* when driving	Manejando siempre mira a la *izquierda*
I went to the *left* side of the bridge	Me fuí del lado *izquierdo* del puente
I can write with my *left* hand	Puedo escribir con mi mano

	izquierda
He doesn't have his *left* leg	No tiene la pierna *izquierda*

80. Physical/Físico

He is in good *physical* shape	El está en buena forma *física*
I don't like *physical* exercise	No me gusta el ejercicio *físico*
I think that the *physical* therapy helped	Creo que la terapia *física* ayudó
I love the *physical* activities	Me gustan las actividades *físicas*

81. General/General

I called everyone in *general*	Llamé a todos en *general*
The *general* manager called me today	El gerente *general* me llamó hoy
I like the Chinese food in *general*	Me gusta la comida China en *general*
I was in a *general* master's degree	Estaba en un grado *general* de maestría

82. Environmental/Ambiental

The *environmental* issues worry me	Los temas *ambientales* me preocupan
The *environmental* manager told me that	El gerente *ambiental* me lo dijo
I would like an *environmental* transformation	Me gustaría una transformación *ambiental*
This is an *environmental* problem	Este es un problema *ambiental*

83. Financial/Financiero

I have *financial* issues	Tengo problemas *financieros*
I work for a *financial* company	Trabajo en una compañía *financiera*
You don't have any *financial* aid	No tienes ayuda *financiera*

| I want to get a *financial* loan | Quiero un préstamo *financiero* |

84. *Blue/Azul*

I love to see the deep *blue* ocean	Me encanta ver el profundo océano *azul*
You can get a *blue* shirt there	Puedes obtener una blusa *azul* allí
You won't have *blue* jeans until then	No tendrás vaqueros *azules* hasta entonces
My car is *blue* but I see it as green	Mi carro es *azul* pero lo veo verde

85. *Democratic/Democrático*

He is very *democratic* and polite	Él es muy *democrático* y amable
That was a *democratic* decision	Esa fue una decisión *democrática*
The *democratic* problems are evident	Los problemas *democráticos* son evidentes
I am part of the *democratic* republic	Soy parte de la república *democrática*

86. *Dark/Oscuro*

Don't go into the *dark* room	No vayas a la habitación *oscura*
This is the *dark* side of the problem	Este es el lado *oscuro* del problema
I don't like the *dark* chocolate	No me gusta el chocolate *oscuro*
It was *dark* outside at 6:00pm	Estaba *oscuro* afuera a las 6:00pm

87. *Various/Varios*

I found *various* mistakes in the document	Encontré *varios* errores en el documento
Those are *various* samples	Esas son *varias* muestras
I have magazines on *various* subjects	Tengo revistas de *varios* temas
She has *various* cars of different colors	Ella tiene *varios* carros de diferentes colores

88. Entire/Entero

The *entire* classroom heard it	La clase *entera* lo escuchó
I ate an *entire* hamburger alone	Me solo comí una hamburguesa *entera*
I washed the *entire* window	Lavé la ventana *entera*
I don´t find the missing *entire* piece	No encuentro la pieza *entera* que falta

89. Close/Cerca-Cerrado

The store *closed* at 8:00	La tienda *cerró* a las 8:00pm
Please stay *close* to me	Por favor quédate *cerca* mío
I can *close* the box now	Puedo *cerrar* la caja ahora
I heard a voice *close* to me	Escuché una voz *cerca* mío

90. Legal/Legal

I don´t have *legal* aid anymore	Ya no tengo ayuda *legal*
That is a *legal* document	Ese es un documento *legal*
You need to have *legal* help now	Necesitas tener ayuda *legal* ahora
I can't help you in the *legal* matters	No te puedo ayudar en temas *legales*

91. Religious/Religioso

She is a very *religious* woman	Ella es una mujer muy *religiosa*
I am not *religious* at all	No soy *religioso* en absoluto
She can have her *religious* ceremony	Ella puede hacer su ceremonia *religiosa*
I won´t go to the *religious* party	No iré a la fiesta *religiosa*

92. Cold/Frío

I am not *cold* at all	No tengo *frío* en absoluto
The winter brings *cold* air	El invierno trae aire *frío*
Close the door, so the *cold* air won´t come in	Cierra la puerta, para que el aire *frío* no entre
I don´t have clothes for *cold* weather	No tengo ropa para el clima *frío*

93. *Final/Final*

That was my *final* exam	Ese fue mi examen *final*
My word is *final*, let´s go	Mi palabra es *final*, nos vamos
She made it to the *final* round	Ella llegó a la ronda *final*
I have *final* exams tomorrow	Tengo exámenes *finales* mañana

94. *Main/Principal*

The *main* door was closed	La puerta *principal* estaba cerrada
I can´t find the *main* exit here	No puedo encontrar la salida *principal*
The *main* character died first	El personaje *principal* se murió primero
The *main* room is red	La habitación *principal* es roja

95. *Green/Verde*

The *green* grass is beautiful	El césped *verde* es hermoso
She has *green* eyes	Ella tiene ojos *verdes*
I love the *green* trees	Me encantan los árboles *verdes*
I had a *green* drink	Me tomé una bebida *verde*

96. *Nice/Bueno*

She was very *nice* to me	Ella fue muy *buena* conmigo
You wrote a *nice* song	Escribiste una *buena* canción
I can´t find anyone *nice* to talk with	No puedo encontrar a nadie para conversar
The smell is *nice*	El olor es *bueno*

97. Huge/Enorme

This is a *huge* deal for me	Este es un trato *enorme* para mí
I had a *huge* salad for lunch	Comí una ensalada *enorme* para el almuerzo
You can have a *huge* elephant there	Puedes tener a un elefante *enorme* allí
I don't think she made a *huge* deal	No creo que haya hecho un trato *enorme*

98. Popular/Popular

That song was very *popular* in 1980	Esa canción era muy *popular* en 1980
I don't feel *popular* at school	No me siento *popular* en la escuela
Those shoes were *popular* in my class	Esos zapatos eran *populares* en la clase
You are very *popular* within that group	Eras muy *popular* dentro de ese grupo

99. Traditional/Tradicional

That is a *traditional* wedding song	Esa es una canción *tradicional* de boda
The dress is very *traditional*	El vestido es muy *tradicional*
I can't find the *traditional* cake	No puedo encontrar el pastel *tradicional*
I will have a *traditional* turkey dinner	Tendré una cena *tradicional* de pavo

100. Cultural/Cultural

That is a *cultural* problem	Ese es un problema *cultural*
I don't see *cultural* differences	No veo diferencias *culturales*
You come from a different *cultural* environment	Vienes de un ambiente *cultural* diferente

| We have a *cultural* tradition | Tenemos una tradición *cultural* |

Printed in Great Britain
by Amazon